魅力俄罗斯

语言篇

总主编　何红梅　马步宁
主　编　李玲君
副主编　孙　悦
编　者　薄艳华　张　敏
　　　　张飞飞

MEILI ELUOSI
YUYAN PIAN

高等教育出版社·北京

图书在版编目（CIP）数据

魅力俄罗斯．语言篇／何红梅，马步宁主编；李玲君分册主编．－－北京：高等教育出版社，2015.7
ISBN 978-7-04-042910-7

Ⅰ．①魅… Ⅱ．①何… ②马… ③李… Ⅲ．①俄语－高等学校－教材 ②俄罗斯－概况 Ⅳ．①H359.4：K

中国版本图书馆CIP数据核字（2015）第138627号

| 策划编辑 | 李　炎 | 责任编辑 | 孙　悦 | 封面设计 | 李小璐 | 版式设计 | 魏　亮 |
| 插图选配 | 毛文文 | 责任校对 | 吴思逸 | 责任印制 | 韩　刚 | | |

出版发行	高等教育出版社	咨询电话	400-810-0598
社　　址	北京市西城区德外大街4号	网　　址	http://www.hep.edu.cn
邮政编码	100120		http://www.hep.com.cn
印　　刷	涿州市京南印刷厂	网上订购	http://www.landraco.com
开　　本	850mm×1168mm 1/16		http://www.landraco.com.cn
印　　张	9.75	版　　次	2015年7月第1版
字　　数	213千字	印　　次	2015年7月第1次印刷
购书热线	010-58581118	定　　价	25.00元

本书如有缺页、倒页、脱页等质量问题，请到所购图书销售部门联系调换
版权所有　侵权必究
物料号　42910-00

《语言篇》编写团队

主　编：李玲君
副主编：孙　悦
编　者：薄艳华　张　敏　张飞飞

　　本套教材是高等学校大学俄语通识教育系列多媒体教材，面向广大无任何俄语基础、欲学习俄语和了解俄罗斯文化的学生。

　　众所周知，20世纪80年代后期中俄两国领导人共同倡导建立"中俄两国战略合作伙伴关系"，双方确立了"永做'好邻居、好朋友、好伙伴'"的原则，从而进一步推进了两国在经济、文化等各领域的交往与合作。实践证明：中俄两国合作潜力巨大，确立中俄战略合作伙伴关系是历史性的正确抉择。目前，两国不但经济发展成就令世界瞩目，而且在国际事务中均扮演着十分重要的角色。

　　在中俄战略合作框架下，为国家培养通晓俄罗斯文化的人才迫在眉睫。

　　但毋庸讳言，俄语语言教育与文化传播并重的、突出素质教育的通识教育系列多媒体教材的编写在国内尚属空白，严重妨碍了教学质量的提高和学生能力的培养。因此，编写一套"语言+文化"的系列多媒体教材是当今社会发展和大学俄语教学改革的需要。《魅力俄罗斯》系列多媒体教材正是在这样的大背景下诞生的。

　　语言与文化密不可分。语言是文化的载体，文化的传播必须借助语言。大学语言课程不仅是一门传授语言基础知识的课程，也是拓宽学习者知识面、使其了解世界文化的素质教育课程。因此，大学俄语课程教学的最终目的是对学生进行语言与国情知识的传授，使学生开阔视野，加深对俄罗斯乃至世界的了解，学习、借鉴和吸收国外先进技术和文化精髓，从而进一步提高文化素养和跨文化交际能力。

　　《魅力俄罗斯》系列多媒体教材共分为四册，包括《语言篇》《政治经济篇》《文化篇》和《历史篇》。本套教材有以下特点：

　　1. 由教育部高等学校大学外语教学指导委员会俄语组统一策划，并组织全国俄语一线教学专家、学者、教师编写，是第一套面向全国高等院校师生的大学俄语通识教育系列多媒体精品教材。

　　2. 教材的体例架构采用"语言+文化"的立体化呈现方式。其中《语言篇》旨在引导学生体验俄罗斯语言的魅力，使学生初步掌握和了解俄语的语音、语法及词汇，具备初步的俄语听说及阅读能力。每课均配有充分展示俄语语言魅力的文化拓展内容供学生学习欣赏。该册教材内容丰富有趣、简明易懂，使学生在轻松愉快的氛围中学习了解和感悟俄语语言的魅力。

《政治经济篇》《文化篇》和《历史篇》三册的编写旨在使学生感受俄罗斯在政治经济、人文历史等方面的魅力，熟悉俄罗斯文化。

3. 全套教材的设计符合教学实际。每册对应一个学期，根据每学期16个教学周每册设计16课。

4. 在全国大学俄语教材中首次采用"网上资源包"的方式，在网上配备多媒体学习资料库，为每一课制作了多媒体电子教案，图文并茂，实用方便，减轻教师备课负担。

5. 受众广泛，使用范围不受俄语语言的限制。除《语言篇》使用俄汉双语授课外，文化系列三册均用汉语授课，但主要的事件、人物及术语用俄语标注，供学生学习参考。因此，学习本套教材不受学生的专业限制，无论学生是否有俄语基础，只要想了解俄罗斯文化，均可学习本套教材。

本套教材是集体科研的成果，是全体编创人员智慧和心血的结晶。编写的具体分工如下：

总主编系教育部高等学校大学外语教学指导委员会副主任委员兼俄语组组长、清华大学何红梅教授及教育部高等学校大学外语教学研究会俄语分会会长、北京航空航天大学马步宁教授。两位教授负责设计整套教材的编写思路、编写原则及体例，配备编写人员，审定选材，审校各分册初稿，统稿、定稿等工作。

各分册主编为：《语言篇》——李玲君教授（内蒙古大学）；《政治经济篇》——李庆华教授（吉林大学）；《文化篇》——李学岩教授（山东大学）；《历史篇》——刘颖教授（哈尔滨工业大学）。教育部高等学校大学外语教学指导委员会俄语组委员、大学外语教学研究会俄语分会秘书长、北京航空航天大学武晓霞教授对本套教材的编写、体例确定、样课类型策划等提出了很多建设性意见。在此我们表示最衷心的感谢！

由于编写时间仓促，编者水平有限，难免有所疏漏，敬请广大师生指正。

《魅力俄罗斯》编者委员会
2015年6月

编写说明

俄罗斯联邦横跨欧亚两个大陆，面积1,700多万平方公里，是世界上领土面积最大的国家，是我国的北方邻居。俄罗斯是联合国安理会五大常任理事国之一，俄语是联合国工作语言之一，全球有1.4亿人的母语是俄语。除此之外，白俄罗斯、乌克兰、哈萨克斯坦、亚美尼亚、阿塞拜疆、摩尔多瓦、格鲁吉亚等国有4,000多万人通晓俄语。

目前，中俄两国关系正处于历史的最好时期，两国领导人共同倡导建立"中俄两国战略合作伙伴关系"。在中俄战略伙伴关系框架之下，中俄两国在国际事务、经贸合作、文化教育、民间交往等方面的交流与合作大大加强，中俄之间的合作潜力是十分巨大的。在这种情况下，在校大学生如果能够在学好自己专业知识的同时，稍稍掌握一点俄语知识，了解一点俄罗斯文化，就能增强跨文化交际能力，同俄罗斯等国家展开友好合作。

到目前为止，还没有针对在校大学生学习俄语入门知识的通识选修课全国统编教材。本书就是为全国高等学校学生编写的通识教育教材《魅力俄罗斯》系列之《语言篇》，本教材使用对象为高等学校对俄语有兴趣的在校学生。编写原则为实用性、交际性和系统性。选取内容皆为生活中最为常见的场景，隐蔽语法现象，直接进入交际层面，14个专题场景涵盖了最基本的生活层面。

全书共16课，前2课为语音课，后14课分为结识、问候、职业、爱好、体育运动、天气、打电话、互联网、时间、交通、点餐、住酒店、购物等专题场景。除语音课外，每课由"热身""词汇""会话""活动""你知道吗"和"带你学更多魅力俄语"六部分组成。其中，热身部分是每个专题场景最常用的句式；词汇部分是热身和会话环节中出现的主要生词；活动部分是通过练习的形式对本课的常用单词和句式进行复习；"你知道吗"是和本课相关的语言知识；"带你学更多魅力俄语"部分通过介绍优美的俄语作品，带领同学们领略俄语的魅力，激发学生进一步学习俄语的积极性。六个环节设计科学、合理，符合语言入门者的认知规律。

由于编者水平有限，疏忽和错误在所难免，诚挚希望读者批评和指正。

编者
2015年6月

Урок 1	俄语字母和发音	001
Урок 2	俄语的基本读音规则	013
Урок 3	您叫什么名字？	021
Урок 4	最近过得怎么样？	029
Урок 5	喂？	037
Урок 6	您有什么爱好？	045
Урок 7	今天天气怎么样？	053
Урок 8	您是做什么工作的？	061
Урок 9	现在几点钟啦？	069
Урок 10	您最喜欢哪种运动？	077
Урок 11	多少钱？	087
Урок 12	祝您好胃口！	097

Урок 13	到火车站怎么走？	109
Урок 14	你们有空房间吗？	119
Урок 15	您经常上网吗？	129
Урок 16	您哪里不舒服？	137

Урок 1

俄语字母和发音

Урок 1

俄语中共有33个字母，其中：

元音字母10个： а, о, у, э, ы, я, ё, ю, и, е

辅音字母21个： б, в, г, д, ж, з, й,

к, л, м, н, п, р, с,

т, ф, х, ц, ч, ш, щ

无音字母2个： 硬音符号 ъ 软音符号 ь

但俄语中共有42个音位，标音时要使用方括号[ ]。其中：

元音音位6个： [a], [o], [y], [и], [э], [ы]；

辅音音位36个：

辅音	清辅音		浊辅音	
	清浊成对	清浊不成对	清浊成对	清浊不成对
硬辅音	п ф к т ш с	х ц	б в г д ж з	л м н р
软辅音	п' ф' к' т' с'	х' ч щ	б' в' г' д' з'	й л' м' н' р'

字　母	单独发音	书　写
А а	口张大，舌身自然平放，声带振动。	
О о	双唇成圆形并前伸，舌后部向上抬起，声带振动。	
У у	双唇圆撮并前伸，成圆筒状，舌后部上抬，声带振动。	
Э э	口微张开，嘴角向两边舒展，舌中部向上颚抬起，声带振动。	
И и	口张得比э小，双唇向两侧完全舒展，舌中部向上抬起并向前伸，声带振动。	
Ы ы	舌身向后缩，并向上颚抬起。唇角向两旁舒展，口微张开。	
Е е	表示音组[йэ]，读作йэ。	

Урок 1

(续表)

字母	单独发音	书写
Ё ё	表示音组[йо]，读作йо。	
Я я	表示音组[йа]，读作йа。	
Ю ю	表示音组[йу]，读作йу。	

1. 模仿老师口型并跟读。

   а－а－а　　　о－о－о　　　у－у－у　　　ы－ы－ы
   и－и－и　　　а－о－ы　　　у－ы－и　　　и－ы－а

2. 模仿老师口型并跟读。

   я－я－я　　　ё－ё－ё　　　ю－ю－ю　　　е－е－е
   э－э－э　　　е－э－я　　　ю－ё－е　　　э－я－ю

1. 成对的清浊辅音

字 母	单独发音	书 写
Т т	舌尖抵上齿和上齿龈，气流冲破阻碍，声带不振动。	
Д д	口型与舌位和发т时相同，但声带振动。	
С с	舌尖接触下齿，形成缝隙，气流通过缝隙冲出，声带不振动。	
З з	口型与舌位和发с时相同，声带振动。	
П п	气流冲破闭合双唇构成的阻塞，注意声带不振动。	
Б б	口型与舌位和发п时相同，但声带振动。	

Урок 1

(续表)

字母	单独发音	书写
Ф ф	下唇贴近上齿，形成缝隙，气流通过缝隙冲出，声带不振动。	
В в	口型与舌位和发ф时相同，声带振动。	
К к	发音时舌身稍后移，成阻部位要偏高，声带不振动。	
Г г	口型与舌位和发к时相同，但声带振动。	
Ш ш	口微张，舌尖与上齿龈接近，形成缝隙，气流通过缝隙摩擦而出，声带不振动。	
Ж ж	口型与舌位和发ш时相同，声带振动。	

1. 模仿老师口型并跟读。

　　т － т － т　　　　д － д － д　　　　с － с － с　　　　з － з － з
　　та － то － ту － тэ － ты　　　　да － до － ду － дэ － ды
　　са － со － су － сэ － сы　　　　за － зо － зу － зэ － зы

　　п － п － п　　　　б － б － б　　　　ф － ф － ф　　　　в － в － в
　　па － по － пу － пэ － пы　　　　ба － бо － бу － бэ － бы
　　фа － фо － фу － фэ － фы　　　　ва － во － ву － вэ － вы

　　к － к － к　　　　г － г － г　　　　ш － ш － ш　　　　ж － ж － ж
　　ка － ко － ку　　　га － го － гу　　　ша － шо － шу　　　жа － жо － жу
　　аш － ош － уш － эш － ыш － иш

2. 跟老师读，判断听到的是清辅音还是浊辅音，把听到的辅音圈出来。

　　① п － б　　　② ф － в　　　③ к － г　　　④ б － в
　　⑤ с － з　　　⑥ д － г　　　⑦ б － д　　　⑧ п － т
　　⑨ ш － ж　　　⑩ т － к

Урок 1

2. 不成对的清浊辅音

清辅音: Хх Чч Цц Щщ

字 母	单独发音	书 写
X x	舌后部接近上颚，形成缝隙，气流通过缝隙而出，声带不振动。	
Ч ч	舌尖贴近上齿龈，形成缝隙，气流通过缝隙摩擦而出，声带不振动。	
Ц ц	舌尖与牙齿接触，形成缝隙，气流通过缝隙而出，声带不振动。	
Щ щ	读成ш的软长音。	

浊辅音: Лл Мм Нн Рр Йй

字 母	单独发音	书 写
Л л	舌尖抵住上齿和上齿龈，舌后部向上抬起，舌中部下凹，声带振动，气流从舌两侧出来。	
М м	双唇紧闭，气流从鼻腔中出来。	
Н н	舌尖抵住上齿和上齿龈，气流从鼻腔中出来。	

(续表)

字母	单独发音	书写
Р р	舌尖靠近上齿龈后沿，舌前部抬起，舌中部下凹，呼出的气流冲击舌尖，使舌尖上下颤抖，发出颤音。	𝒫 𝒫 𝒫 / p 𝓅 𝓅 𝓅
Й й	口型和舌位与发元音и相同，但比и短。	Й́ / й́

1. 模仿老师口型并跟读。

л－л－л　　　　м－м－м　　　　н－н－н　　　　р－р－р

ла－ло－лэ－лу－лы　　　　ма－мо－мэ－му－мы

на－но－нэ－ну－ны　　　　ра－ро－рэ－ру－ры

ал－ам－ан－ар　　　　ол－ом－он－ор

эл－эм－эн－эр　　　　ул－ум－ун－ур

ыл－ым－ын－ыр　　　　ил－им－ин－ир

х－х－х　　　　ц－ц－ц　　　　ч－ч－ч　　　　щ－щ－щ

ха－хо－ху　　　　ах－ох－эх－ух－ых－их

й－й－й　　　　ца－цо－цу　　　　ча－чо－чу　　　　ща－що－щу

2. 跟老师读，把听到的辅音圈出来，并判断是清辅音还是浊辅音。

① с－з　　　② л－р　　　③ т－д

④ м－н　　　⑤ л－м

Урок 1

硬音符号ъ 只起分音作用。

软音符号ь 表示前面的辅音读软音

Ъ ъ	
Ь ь	

模仿老师口型并跟读，注意区分硬辅音和软辅音。

ба – бя	бо – бё	бэ – бе	бу – бю	бы – би
ва – вя	во – вё	вэ – ве	ву – вю	вы – ви
ге – ги	да – дя	до – дё	дэ – де	ду – дю
ды – ди	за – зя	зо – зё	зэ – зе	зу – зю
зы – зи	кэ – ки	ла – ля	ло – лё	лэ – ле
лу – лю	лы – ли	ма – мя	мо – мё	мэ – ме
му – мю	мы – ми	на – ня	но – нё	нэ – не
ну – ню	ны – ни	па – пя	по – пё	пэ – пе
пу – пю	пы – пи	ра – ря	ро – рё	рэ – ре
ру – рю	ры – ри	са – ся	со – сё	та – тя

то – тё	тэ – те	ту – тю	ты – ти	фа – фя
фо – фё	фэ – фе	фу – фю	фы – фи	хе – хи

西里尔字母

正如阿拉伯数字其实最初由印度人创造却因阿拉伯人传播而得名一样，现今俄语使用的西里尔字母（Кири́ллица）也并非由西里尔创造。公元863年，西里尔（Ки́рилл）与其兄长美多德（Мефо́дий）赴斯拉夫国家传播基督教，在此期间创立了格拉果尔字母（Глаго́лица），斯拉夫文字正式诞生。在这对兄弟去世后，他们的学生创造了与格拉果尔字母表字形迥异的新字母表，为了纪念恩师，仍将这种字母命名为西里尔字母。1708年俄国对西里尔字母进行改革，改革后的字母成为现代俄语字母的基础。

为了铭记兄弟两人对斯拉夫文化作出的贡献，公历5月24日被定为两人的纪念日，这一天同时也是"斯拉夫文字和文化节"。

Урок 2

俄语的基本读音规则

Урок 2

元音是音节的基础，一个单词中有几个元音字母就有几个音节，元音字母可以单独作为一个音节，也可和辅音一起构成音节，辅音不能单独构成音节。音节在读音上分为带重音的重读音节和不带重音的非重读音节。如：со́ус（调味汁）一词中有两个元音，分别是о和у，所以该词由两个音节构成，分别是со和ус。其中重读音节为со。

跟老师读，注意模仿重音，并说出每个词各有几个音节。

а, и, я, да, он, ум

дом, нос, она́, оно́, они́, сын, э́то

до́ма, ма́ло, ма́ма, мост, со́ус, торт, анана́с

1. 元音[a][o]（字母a，o）的读音

元音[a][o]在非重读音节中要发成短而弱的[a]音。如：онá，э́то 两词中的о在非重读音节中，都要读成短[a]音；而мáма，дóма两词非重读音节中的а，读音也要变短变弱，发成短[a]音。

2. 元音[a][э]（字母я，е）的读音

单独作为音节或在软辅音之后，元音[a][э]（字母я，е）在重读音节中仍然读本音[a][э]，在非重读音节中要发成短[и]的音。

跟老师读以下单词，指出哪些词中出现了元音[a] [o] [э]的弱化。

он, её, дом, егó, кто, нет, онá, онó, они́, рот, у́хо, э́то, до́ма, ма́ма, окно́, оте́ц, па́па, твой, торт, фо́то, поэ́т, яйцо́, го́род, кни́га, пото́м, анана́с, голова́, сестра́, де́душка, сего́дня, студе́нт. язы́к, сестра́, жена́

Урок 2

　　一个单词中或两词交接处，如清浊成对的浊辅音位于词尾或所有清辅音前，该浊辅音要清化，发成相对的清辅音。如：город中的д发成[т]；глаз中的з发成[с]；завтра中的в发成[ф]。

1. 模仿老师口型并跟读。

   ат – ад – ас – аз　　　　　от – од – ос – оз

   эт – эд – эс – эз　　　　　ут – уд – ус – уз

   ыт – ыд – ыс – ыз　　　　ит – ид – ис – из

   ап – аб – аф – ав　　　　оп – об – оф – ов

   эп – эб – эф – эв　　　　ип – иб – иф – ив

   ып – ыб – ыф – ыв　　　уп – уб – уф – ув

   ак – аг　　　ок – ог　　　эк – эг　　　ук – уг

   ык – ыг　　　ик – иг

2. 跟老师读以下单词，注意单词中浊辅音的清化。

   вуз, зуб, вход, глаз, друг, слов, город, завод, завтра, автобус

（四）清辅音的浊化

一个单词中或两词交接处，如清浊成对的清辅音位于清浊成对的浊辅音前（[в – в']除外），该清辅音要浊化，发成相对的浊辅音。如：вокзáл中的к发成[г]；футбóл中的т发成[д]；с брáтом中的с发成[з]。

跟老师读，注意单词中清辅音的浊化。
вокзáл，футбóл，с завóда，к дрýгу，с бáбушкой，с горы́

注：只有成对的清浊辅音才能发生浊化和清化。清辅音只在成对的浊辅音前（[в – в']除外）浊化，但浊辅音在所有清辅音前都发生清化，如вход中的в发成[ф]。

Урок 2

五 不能拼读的特殊辅音

拼读下列音组，注意有哪些辅音与哪些元音不能拼读。

ба – бо – бэ – бу – бы　　　бя – бё – бе – бю – би

па – по – пэ – пу – пы　　　пя – пё – пе – пю – пи

ва – во – вэ – ву – вы　　　вя – вё – ве – вю – ви

фа – фо – фэ – фу – фы　　　фя – фё – фе – фю – фи

га – го – × – гу – ×　　　× – × – ге – × – ги

ка – ко – × – ку – ×　　　× – × – ке – × – ки

да – до – дэ – ду – ды　　　дя – дё – де – дю – ди

та – то – тэ – ту – ты　　　тя – тё – те – тю – ти

жа – жо – × – жу – ×　　　× – жё – же – × – жи

ша – шо – × – шу – ×　　　× – шё – ше – × – ши

за – зо – зэ – зу – зы　　　зя – зё – зе – зю – зи

са – со – сэ – су – сы　　　ся – сё – се – сю – си

ла – ло – лэ – лу – лы　　　ля – лё – ле – лю – ли

ма – мо – мэ – му – мы　　　мя – мё – ме – мю – ми

на – но – нэ – ну – ны　　　ня – нё – не – ню – ни

ра – ро – рэ – ру – ры　　　ря – рё – ре – рю – ри

фа – фо – фэ – фу – фы　　　фя – фё – фе – фю – фи

ха – хо – × – ху – ×　　　× – × – хе – × – хи

ца – цо – × – цу – цы　　　ця – цё – це – цю – ци

ча – чо – × – чу – ×　　　× – чё – че – × – чи

ща – що – × – щу – ×　　　× – щё – ще – × – щи

特殊音变

俄语发音之所以比较难学，除个别音不好掌握之外，还因为一些特殊的变音现象。例如：

字母组合сч，зч，жч读作[щ]，如：сча́стье（幸福），мужчи́на（男子），расска́зчик（叙述者）；

字母组合тс，дс发成[ц]的音。如：де́тский（孩子的），сосе́дский（邻居的）；

字母组合ться和тся，读作[цъ]。如：учи́ться（学习），занима́ется（从事）。

此外，在某些单词中，还会出现辅音的变音，需要特殊记忆。如：

г会发成[х]，如：легко́（轻松），мя́гкий（柔软的）；

г发成[в]，如：его́（他的），сего́дня（今天）；

ч会发成[ш]，如：что（什么），коне́чно（当然）。

这些变音现象没有什么规律可循，需要单独记忆，实在拿不准的时候，要查词典确定。

Урок 2

学唱俄语字母歌。

```
1=D  4/4

1 5 2 5 | 3 1 5 — | 6 4 5 3 | 4 3 2 — |
а бэ вэ гэ  дэ е е      жэ зэ и й   крат-ко- е

1 5 2 5 | 3 1 5 — | 6 4 5 3 | 4 2 1 — |
ка эль эм эн  о пэ эр   эс тэ у эф   ха цэ че

5 — 5 — | 1·2 3 4 5 — | 1 5 6 3 | 4 2 1 — ||
ша  ща    твер-дый знак ы   мяг-кий знак  э ю я
```

Урок 3

Как вас зовут?
您叫什么名字？

Урок 3 Как вас зовут?

 Давайте познакомимся.
让我们认识一下。

 Как вас зовут?
您叫什么名字?

Меня зовут ...
我的名字叫…

 Очень рад (рада) с вами познакомиться.
非常高兴和您认识。

Очень приятно.
我也非常高兴。

✺	давáйте	让我们…
✺	познакóмимся	认识，相识（原形是познакóмиться）
✺	как	怎么样
✺	вас, вáми	您，你们（原形是вы）
✺	зовýт	叫（原形是звать）
✺	меня́	我（原形是я）
✺	óчень	很，非常
✺	рад (рáда)	很高兴
✺	с	和，与
✺	прия́тно	愉快

Урок 3　Как вас зовут?

— Давайте познакомимся, меня зовут Саша. Как вас зовут?
— Меня зовут Маша.
— Очень рад с вами познакомиться.
— Очень приятно.

— 让我们认识一下，我叫萨沙。您叫什么名字？
— 我的名字叫玛莎。
— 很高兴认识您。
— (我也) 非常高兴。

您叫什么名字? **语言篇**

1. 给自己起个俄语名字吧，将自己的名字做成名签。

女生名字

Наде́жда 娜杰日达　　Люба 柳芭　　Све́та 斯维达
А́нна 安娜　　Мари́я 玛丽亚　　Ве́ра 薇拉
Зо́я 卓娅　　Тама́ра 塔玛拉　　И́нна 依娜
Еле́на 叶列娜　　Лари́са 拉丽萨　　Ната́лья 娜塔丽亚
Татья́на 塔季扬娜　　Гали́на 加丽娜

男生名字

Андре́й 安德列　　Ми́ша 米沙　　Оле́г 奥列格
Анто́н 安东　　Никола́й 尼古拉　　Бори́с 鲍里斯
Ви́ктор 维克多　　Па́вел 巴维尔　　Влади́мир 弗拉基米尔
Пётр 彼得　　Фёдор 费奥多尔　　Ю́рий 尤里
Серге́й 谢尔盖　　Ива́н 伊万

2. 补足下列会话

(1) — _____?　　(3) — Рад с ва́ми познако́миться.
　　— Меня́ зову́т Ма́ша.　　　　　　　— _____.

(2) — Как вас зову́т?
　　— _____.

Урок 3　Как вас зовут?

名字、父称、姓

　　和中国人不同，俄罗斯人除了有名字和姓氏外，还有父称，一个人的父称是从他父亲的名字变化来的。例如俄罗斯总统普京，他的全名为Влади́мир Влади́мирович Пу́тин，其中，Влади́мир是他的名字，Влади́мирович是由Влади́мир这一名字变化而来的父称，说明普京父亲的名字和他一样，都是Влади́мир。

　　俄罗斯人名较少，重名现象非常普遍，主要靠不同的父称和姓氏进行区分。一般称呼同龄人叫名字就可以，对长辈、上级、老师要称呼名和父称以示尊重。

　　单就名字而言，俄罗斯人名还有各种各样的小称和爱称。例如最常见的女名Мари́я，其常见的小称有我们学过的 Ма́ша，还有 Мару́ся、Марю́ша等多种。所以就产生了阅读俄罗斯文学作品和欣赏俄罗斯电影时令我们晕头转向的一人多名现象。

　　Ива́н是最有俄罗斯特色的人名之一，经常出现在俄罗斯远古的壮士歌中，在文学作品里也曾被用来代指俄罗斯民族。

带你学更多魅力俄语

诗歌欣赏：《我曾经爱过你》

亚历山大·谢尔盖耶维奇·普希金（Алекса́ндр Серге́евич Пу́шкин，1799—1837）俄国文学家、诗人、小说家，19世纪俄国浪漫主义文学主要代表，现实主义文学奠基人，现代标准俄语的创始人，被誉为"俄国文学之父""俄国诗歌的太阳(高尔基语)"。他的代表作有诗歌《自由颂》《致大海》《致恰达耶夫》、诗体小说《叶甫盖尼·奥涅金》、中篇小说《上尉的女儿》等。

《我曾经爱过你》原是一首无题诗，动情地描绘了诗人对一位姑娘至深的爱恋。他爱得如此温存、真挚而又羞怯——有可能姑娘并不知道他在爱着她，也可能姑娘早已另有所爱。而诗人只是"默默无语地，毫无指望地"爱着她，为此宁愿忍受羞怯和嫉妒的折磨，也不愿意表白自己的心意，生怕打扰她或使她悲伤，他还祈求上帝保佑她，愿姑娘能得到一个像他一样爱她的心上人。诗中，诗人把自己的一往情深、羞怯与坚忍的矛盾刻画得淋漓尽致，表达了对爱人深深的眷念和真诚的祝福，词句间洋溢着动人的艺术魅力。

Урок 3 Как вас зовут?

Я вас любил: любовь ещё, быть может,

В душе́ мое́й уга́сла не совсе́м;

Но пусть она́ вас бо́льше не трево́жит;

Я не хочу́ печа́лить вас ниче́м.

Я вас люби́л безмо́лвно, безнадёжно,

То ро́бостью, то ре́вностью томи́м;

Я вас люби́л так и́скренно, так не́жно,

Как дай вам бог люби́мой быть други́м.

《Я вас люби́л》

А.С. Пу́шкин

我曾经爱过你，爱情，也许，
在我的心灵里还没有完全消失。
但愿它不会再去打扰你；
我也不想再使你难过悲伤。
我曾经默默无语地，毫无指望地爱过你，
我既忍着羞怯，又忍受着妒忌的折磨；
我曾那样真诚、那样温柔地爱过你。
愿上帝保佑你，另一个人也会像我一样爱你。

《我曾经爱过你》

普希金

Урок 4

Как дела?

最近过得怎么样?

Урок 4 Как дела?

Привет!
你好！

Давно тебя не видел(а).
好久不见。

Как дела?
最近过得怎么样？

Спасибо, хорошо.
谢谢。挺好的。

* привéт 你好（常用于年轻人之间）

* давнó 很久，好久

* тебя́ 你（原形是ты）

* не （表否定）没有

* нет 不；不是

* ви́дел, ви́дела 看见，看到（原形是ви́деть）

* делá 事情，情况（原形是дéло）

* спаси́бо 谢谢

* хорошó 好

* нормáльно 正常，顺利

Урок 4   Как дела?

— Приве́т, Са́ша!

— Приве́т, Ма́ша! Давно́ тебя́ не ви́дела. Как у тебя́ дела́?

— Спаси́бо, хорошо́. А у тебя́?

— Норма́льно.

——你好，萨沙！

——你好，玛莎！好久不见。最近过得怎么样？

——谢谢，很好。你呢？

——也还好。

1. 学习几种说法

你（您）好！
Здравствуй (те)!

好久不见！
Сколько лет, сколько зим!
Давно́ тебя́ не ви́дел (ви́дела)!

很高兴见到您。
Очень рад с ва́ми встре́титься.

学习/工作/生活/健康/家人如何？
Как (у тебя́) учёба/рабо́та/жизнь/здоро́вье/семья́?

一切正常。
По-пре́жнему.
Всё в поря́дке.

还行。
Норма́льно.
Непло́хо.

很好。
Хорошо́.

2. 参照练习1填空。

(1) — Как _____?
    — Спаси́бо, _____.

(2) — Давно́ тебя́ не _____. Как дела́?
    — Спаси́бо, всё в поря́дке.

Урок 4 Как дела?

(3) — Очень рад встретиться с вами. _____?
    — Спасибо, всё нормально.

(4) — Привет, Борис! Сколько _____, сколько _____.
    Как у тебя _____?
    — Спасибо, _____.

3. 补足下列会话

(1) — _____?
    — Спасибо, всё в порядке.

(2) — _____?
    — Спасибо, не плохо.

(3) — _____?
    — Спасибо, хорошо.

(4) — _____?
    — Спасибо, нормально.

(5) — Привет! Как учёба?
    — _____.

(6) — _____. Как жизнь?
    — _____.

(7) — _____?
    — Спасибо, всё в порядке.

(8) — Как у вас семья?
    — _____.

俄语中"你"和"您"的用法

人称代词вы除了指称"你们"之外,还可以指称一个人,作为"你"的尊称,即"您",用于:

(1) 初次认识或不太熟悉的人;
(2) 年长者、长辈;
(3) 正式场合。

人称代词ты(你)用于:

(1) 父母、兄弟、姐妹及朋友;
(2) 儿童、晚辈;
(3) 青少年、同学之间。

在俄罗斯,人称代词ты和вы比较起来,вы的使用频率要高。如果不能确定使用哪种称呼好,最好使用вы。

Урок 4   Как дела?

歌曲欣赏：《莫斯科郊外的晚上》（节选）

《Подмосковные вечера》

Не слышны в саду даже шорохи,

Всё здесь замерло до утра,

Если б знали вы, как мне дороги

Подмосковные вечера.

Речка движется и не движется,

Вся из лунного серебра,

Песня слышится и не слышится

В эти тихие вечера.

```
 6 1 3 1 2 1 7 3  2 6 -  | 1 3 5 5  6 5 4  3 - |
1.深夜花园里，四处静 悄 悄，    树 叶儿也不再 沙沙 响。
2.小河静静流，微微泛 波 浪，    明 月照水面 闪银 光。

#4 #5 | 7 6 3 | 3 7 6 3 2 4 | 4 0 5 4  3 2 1  3  2 |
夜 色多美好，   令 我心神往，   在 这迷人的 晚
依 稀听得到，   有 人轻轻唱，   多 么幽静的 晚

6 - | #4 #5 7 6 3 | 3 7 6 3.2 4 | 4 0 5 4  3 2 1 |
上。   夜色多美好，  令 我心神往，  在 这迷人的
上。   依稀听得到，  有 人轻轻唱，  多 么幽静的

          ┌─1~3.─┐   ┌─4.─┐
3 2 | 6 - | 6 0 0 | 6 -  | 6 -  | 6 0 0 ‖
晚       上。
晚       上。
```

Урок 5

Алло́!

喂?

Урок 5   Алло!

 Алло!
喂？

 Анна? Это Па́вел.
安娜吗？我是巴维尔。

Да, я слу́шаю.
是我。请讲。

 Мо́жно Инну к телефо́ну?
可以叫依娜接电话吗？

Её нет до́ма.
她不在家。

✳	алло́	（打电话用语）喂
✳	да	是
✳	слу́шаю	听（原形是слу́шать）
✳	мо́жно	能
✳	Инну	（女人名）依娜（原形是Инна）
✳	к телефо́ну	到电话这来；接电话
✳	её	她（原形是она́）
✳	до́ма	在家里
✳	моби́льнику	手机（原形是моби́льник）
✳	лу́чше	最好是
✳	э́то	这是
✳	профе́ссора	教授（原形是профе́ссор）
✳	запи́ши	记录（原形是записа́ть）

Урок 5   Алло!

— Алло!

— Добрый вечер! Можно Анну к телефону?

— Её нет дома. Вам лучше позвонить ей по мобильнику.

— Спасибо.

... ...

— Анна? Это Павел.

— Да, я слушаю.

— Ты не знаешь телефон профессора Ли?

— Знаю. Запиши: 336-38-86. (Триста тридцать шесть – тридцать восемь – восемьдесят шесть)

— 喂？

— 晚上好！能让安娜接一下电话吗？

— 她不在家，您最好打她手机。

— 谢谢。

……

— 安娜吗？我是巴维尔。

— 是我，请说。

— 你知道李教授的电话吗？

— 知道。你记一下：336-38-86。

1. 俄语数字表，比比谁记得快吧！

1 оди́н	11 оди́надцать		
2 два	12 двена́дцать		200 две́сти
3 три	13 трина́дцать	30 три́дцать	300 три́ста
4 четы́ре	14 четы́рнадцать	40 со́рок	400 четы́реста
5 пять	15 пятна́дцать	50 пятьдеся́т	500 пятьсо́т
6 шесть	16 шестна́дцать	60 шестьдеся́т	600 шестьсо́т
7 семь	17 семна́дцать	70 се́мьдесят	700 семьсо́т
8 во́семь	18 восемна́дцать	80 во́семьдесят	800 восемьсо́т
9 де́вять	19 девятна́дцать	90 девяно́сто	900 девятьсо́т
10 де́сять	20 два́дцать	100 сто	1000 ты́сяча

2. 写一个电话号码，与同伴交换，尝试读写。

3. 根据汉语提示，补足下列对话。

(1) — Алло́? Кого́ вам на́до?（喂？您找谁？）
— _____.（我找萨莎。）

(2) — _____?（是安东吗？）
— Да, я слу́шаю.（是我，请说。）

(3) — _____?（请叫安娜接电话行吗？）
— Вы не туда́ попа́ли.（您打错了。）

(4) — Попроси́те, пожа́луйста, Ма́шу к телефо́ну?（请问能让玛莎接一下电话吗？）
— _____. Что ей переда́ть?（她不在家。有什么需要转告她的吗？）

Урок 5　Алло!

那些手机上的俄文词

每天玩手机的你，这些手机用语你知道吗？快来学习一下吧！

智能手机	смартфо́н
选取	вы́бор
删除	удаля́ть
输入	созда́ть
拨出电话	на́бранные номера́
已接来电	при́нятые номера́
未接来电	неотве́ченные номера́
信息	сообще́ния
菜单	меню́
阅读	чита́ть
查看	смотре́ть
电话簿	записна́я кни́жка

带你学更多魅力俄语

白桦树

插图：Берёзовая ро́ща《白桦林》Куинджи库因芝

应该有不少人听过那首《白桦林》。歌曲讲述了一对在白桦林中定情的恋人。青年为保卫国家战死沙场，而姑娘思念了他一生，在死前感到自己仿佛与恋人在那片白桦林中再次相会。歌中的故事优美而又悲伤，充满俄罗斯风情。

桦树被称为"俄罗斯的白桦树"（Русская берёза）。白桦林因为其"骄傲和完美的特殊感觉"被公认为"俄罗斯灵魂的写照"。

俄罗斯人的生活与桦树息息相关。古时俄罗斯人将白桦树砍成薄片做照明的材料，用柔韧的树皮捆扎物品。桦树皮还可用来写字，古罗斯11至15世纪的桦树皮文献（берестяры́е гра́моты）极具民族特色。俄罗斯还有很多精美的桦树皮工艺品。坚硬的桦树木材可以用来盖房子和制作家具，桦树的汁液还能治病和酿酒。

俄罗斯人认为，桦树是众多树木中最先发芽的树木之一。所以桦树枝叶经常用来装饰庭院、门廊和房间，用以驱邪避灾；洗浴时用桦树枝条做成浴带抽打身体，也被认为是有利于身体健康的做法。

俄罗斯著名的歌舞团就以"小白桦"（Берёзка）为名。

Уро́к 6

Како́е увлече́ние у вас?
您有什么爱好?

Урок 6   Какóе увлечéние у вас?

Какóе увлечéние у вас?
您有什么爱好？

Я люблю́ занимáться спóртом.
我喜欢从事体育锻炼。

Что вы дéлаете в свобóдное врéмя?
闲暇时间你喜欢做什么？

Я люблю́ слу́шать му́зыку.
我喜欢听音乐。

您有什么爱好？ 语言篇

Ты лю́бишь игра́ть в футбо́л?
你喜欢踢足球吗？

Да, я люблю́.
是的，我喜欢。

Ты лю́бишь слу́шать му́зыку?
你喜欢听音乐吗？

Нет, не люблю́.
不，我不喜欢。

047

Урок 6   Какое увлечение у вас?

✿	какое	什么样的（原形是какой）
✿	увлечение	爱好、兴趣
✿	заниматься	从事、做某事
✿	спортом	体育（原形是спорт）
✿	делаете	做（原形是делать）
✿	свободное	空闲的，自由的（原形是свободный）
✿	время	时间
✿	бегаю	跑（原形是бегать）
✿	музыку	音乐（原形是музыка）
✿	люблю, любишь	喜欢（原形是любить）
✿	играть	玩、打（各种球类）
✿	футбол	足球

— Что вы де́лаете в свобо́дное вре́мя?
— Занима́юсь спо́ртом.
— Каки́м ви́дом спо́рта вы занима́етесь?
— Ка́ждый день бе́гаю. А како́е увлече́ние у вас?
— Я люблю́ слу́шать му́зыку. А вы лю́бите му́зыку?
— Нет, я ма́ло слу́шаю му́зыку.

— 业余时间您都做什么呢?
— 我常常从事体育锻炼。
— 您一般从事哪种运动项目?
— 我每天都跑步。您有什么爱好?
— 喜欢听音乐。您喜欢音乐吗?
— 不太喜欢,我很少听音乐。

Урок 6   Какое увлечение у вас?

1. 看看下列活动，哪项是你的业余爱好？

заниматься спортом	从事体育锻炼
играть в теннис	打网球
слушать музыку	听音乐
смотреть матч по футболу	看足球赛
смотреть по телевизору	看电视
собирать марки	集邮
ловить рыбу	钓鱼
танцевать	跳舞
рисовать	画画
путешествовать по миру	周游世界
сидеть в интернете	上网
разговаривать по QQ	QQ聊天
фотографировать	摄影

2. 用"Какое увлечение у вас?" 和"Что вы делаете в свободное время?"问你的同桌，他的爱好是什么。

3. 用你知道的交际用语补足会话。

(1) — _____?
    — Я занимаюсь спортом.

(2) — _____?
    — Я люблю плавать.

(3) — Каким видом спорта ты занимаешься?
    — _____.

(4) — Что вы делаете в свободное время?
    — _____.

外来词

俄语里有一个外来词：хóбби，是爱好、兴趣的意思，它是从英语词hobby来的，这个词现在也经常使用。例如：Моё хóбби – путешéствие.（我的爱好是旅行。）Егó хóбби – рисовáние.（他的兴趣是画画。）

现代俄语中，有许多外来词源自英语，例如：саммúт 峰会（来自英语summit），фóрум 论坛（来自英语forum），сайт 网页、站点（来自英语site），интернéт 互联网（来自英语internet），смартфóн 智能手机（来自英语smart phone），甚至还有来自英语No problem的"не проблема"。

Урок 6　Какóе увлечéние у вас?

你学更多魅力俄语

熊

熊（медвéдь）是俄罗斯民族的图腾动物（тотéмное живóтное）。它虽然粗鲁，笨重，但体格强壮又心地善良，深受俄罗斯人民喜爱，早已成为俄罗斯民族的代名词。

1980年莫斯科举行的第22届奥运会的吉祥物就是小熊米什卡（медвежóнок Мишка）。

俄罗斯国家杜马第一大党"统一俄罗斯"（Единая Россия）的标志就是一只强壮的棕熊。

"梅德韦杰夫"（Медвéдев）一词就是由"熊"这个单词构成的。

克雷洛夫的著名寓言《隐士和熊》（Пустынник и медведь）讲述了熊的憨痴。熊看守着自己睡着的隐士朋友，它看到一只苍蝇落在隐士脸上，伸手驱赶不成，便用大石头使劲地砸了过去，就这样误杀了朋友。

2014年索契冬奥会的吉祥物也是一只系着绿色围巾的小白熊。

Урок 7

Какая сегодня погода?
今天天气怎么样?

Урок 7   Кака́я сего́дня пого́да?

Кака́я сего́дня пого́да?
今天天气怎样？

Прекра́сная пого́да.
天气很好。

Ско́лько гра́дусов?
今天多少度？

Днём два́дцать гра́дусов.
白天20度。

Како́е вре́мя го́да вы бо́льше всего́ лю́бите?
您最喜欢哪个季节？

Я бо́льше всего́ люблю́ весну́.
我最喜欢春天。

✶	сегóдня	今天
✶	погóда	天气
✶	прекрáсная	好的（原形是прекрáсный）
✶	клúмат	气候
✶	на рóдине	（地点意义）在家乡
✶	сухóй	干燥
✶	врéмя гóда	季节
✶	бóльше всегó	最
✶	скóлько	多少
✶	грáдусов	度（原形是грáдус）
✶	теплéе	比较温暖（原形是теплó）
✶	вéтер	风

Урок 7   Какая сегодня погода?

— Анна, Какая сегодня погода?

— Сегодня теплее, чем вчера.

— Сколько градусов?

— Днём двадцать градусов.

— А ветер?

— Ветра нет.

— Какая прекрасная погода!

— 安娜，今天天气怎样？

— 今天比昨天暖和些。

— 多少度？

— 白天20度。

— 有风吗？

— 没有。

— 多好的天气啊！

1. 比比谁的记忆力好。

весна́	春天	весно́й	在春天
ле́то	夏天	ле́том	在夏天
о́сень	秋天	о́сенью	在秋天
зима́	冬天	зимо́й	在冬天

2. 请分别用一个词来形容四季的特征。

3. 补足下面的小会话。

(1) — Кака́я сего́дня пого́да на у́лице（外面）?
— _____.

(2) — Кака́я за́втра（明天）пого́да?
— _____.

(3) — Како́й кли́мат в Пеки́не?
— Кли́мат в Пеки́не _____

(4) — Кака́я пого́да сего́дня?
— _____ пого́да: моро́з и со́лнце!

Урок 7　Какая сегодня погода?

气温与气候

天气预报中用摄氏寒暑表（по цéльсию）报告气温。零上（几度）为(скóлько) грáдусов теплá。零下（几度）为(скóлько) грáдусов морóза。这里的тепло和мороз不能用жарá, хóлод代换。在口语中，零上（下）几度还可以说плюс (скóлько) грáдусов，мúнус (скóлько) грáдусов，这里плюс, мúнус不变化。

俄罗斯国土面积广大，跨北寒带、亚寒带、北温带、亚热带四种气候带，各地气候千差万别。俄罗斯大部分地区所处纬度较高，属于温带和亚寒带大陆性气候，冬天漫长，气候干燥而寒冷，夏季短暂而温暖，春秋时节转瞬即逝，气温年较差大，降水偏少，雨量变率大。气温由南向北逐渐降低，降水量由西向东逐渐减少。东欧平原盛行西风，并受到来自大西洋的暖湿气流影响，气候温和，湿润多雨。波罗的海沿岸属海洋性气候，夏季温暖，冬无严寒。俄罗斯南部，特别是黑海沿岸一带则是地中海气候。

列维坦和他的《四季》

艾萨克·伊里奇·列维坦（Исаак Ильич Левитан，1860—1900）是19世纪俄国最杰出的风景画大师。1884年，列维坦开始参与巡回展览画派的活动，1891年成为正式成员。

列维坦被大自然的美所深深吸引，他的画作深刻而富有个性地表现了人的心灵与大自然生命的联系。

请欣赏他描绘四季的四幅风景画作：

Весна – большая вода《春潮》

Летний вечер《夏天的傍晚》

Золотая осень《金色的秋天》

Зима. Деревенька《冬天。村庄》

Урок 8

Кем вы работаете?
您是做什么工作的?

Урок 8 Кем вы работаете?

Ваш отец инженер или учитель?
您父亲是工程师还是教师？

Мой отец——учитель, он работает в школе.
我父亲是教师，他在一所中学工作。

Откуда вы приехали?
您从哪里来？

Я приехал(а) из Китая, я китаец (китаянка).
我来自中国，我是中国人。

您是做什么工作的？ **语言篇**

Кем вы рабо́таете?
您是做什么工作的？

Я врач, рабо́таю в больни́це.
我是医生，我在医院工作。

Чем занима́ется ва́ша сестра́?
您姐姐是做什么工作的？

Она́ медсестра́.
她是护士。

Урок 8  Кем вы работаете?

- инженер — 工程师
- учитель — 教师
- (в) школе — （在）学校（中学）（原形是 школа）
- откуда — 从哪里来
- приехал, приехала — 来到、到达（原形是 приехать）
- Китая — 中国（原形是 Китай）
- китаец — 中国人
- врач — 医生
- (в) больнице — （在）医院（原形是 больница）
- медсестра — 护士
- России — 俄罗斯（原形是 Россия）
- студент — 大学生
- (в) университете — （在）大学（原形是 университет）
- учусь — 学习（原形是 учиться）

您是做什么工作的？ **语言篇**

— Откуда вы приехали?
— Я приехал из Китая, я китаец. А вы?
— Я приехал из России.
— Кем вы работаете?
— Я врач, работаю в больнице. А вы?
— Я студент , ещё учусь в университете.

— 您从哪里来？
— 我来自中国，我是中国人。您呢？
— 我是俄罗斯人。
— 您是做什么工作的？
— 我是医生，我在医院工作。您呢？
— 我是大学生，还在大学读书。

Урок 8 Кем вы работаете?

1. 如果你在一所国际学校学习，看看你身边的小伙伴都来自哪个国家？他们的父母是做什么工作的？

国家

Аме́рика	美国	Фра́нция	法国
Росси́я	俄罗斯	Кана́да	加拿大
Кита́й	中国	Ита́лия	意大利
Япо́ния	日本	Великобрита́ния	英国
Герма́ния	德国	Испа́ния	西班牙

职业

журнали́ст	记者	танцо́р	舞者，跳舞的人
программи́ст	程序设计员	худо́жник	艺术家
анима́тор	动画制作人	музыка́нт	音乐家
певе́ц	歌手，唱歌的人	диза́йнер	设计师

2. 用你知道的交际语补足会话。

(1) — _____?
    — Я рабо́таю в шко́ле.

(2) — Кем вы рабо́таете?
    — _____,

(3) — _____?
    — Я прие́хал из Кита́я.

(4) — Вы инжене́р или учи́тель?
    — _____.

(5) — Чем занима́ется ваш брат?
    — _____.

(6) — _____?
    — Моя́ ма́ма—медсестра́.

表示职业的名词有阴阳性之分

俄语中一些表示从事何种职业的人的名词，有阳性和阴性的区别，如：大学生：студе́нт – студе́нтка；教师：учи́тель – учи́тельница；售货员：продаве́ц – продавщи́ца；作家：писа́тель – писа́тельница

但是某些阳性名词也可以表示女性，如：инжене́р（工程师），врач（医生），профе́ссор（教授），дире́ктор（经理），дека́н（系主任）等。如：

Он（она́）наш дире́ктор. 他（她）是我们的经理。

Урок 8   Кем вы работаете?

歌曲欣赏：《山楂树》（节选）

《Ряби́на》

Ве́тер ти́хой пе́снею над реко́й плывёт,

Да́льними зарни́цами све́тится заво́д.

Где́-то по́езд ка́тится то́чками огня́,

Где́-то под ряби́нушкой па́рни ждут меня́.

Ой, ряби́на кудря́вая, бе́лые цветы́.

Ой, ряби́на ряби́нушка, что взгрустну́ла ты?

Лишь гудки́ певу́чие смо́лкнут над водо́й,

Я иду́ к ряби́нушке тро́пкою круто́й.

Тре́плет под кудря́вою ве́тер без конца́.

Спра́ва ку́дри то́каря слева кузнеца́.

Ой, ряби́на кудря́вая, бе́лые цветы́.

Ой, ряби́на ряби́нушка, что взгрустну́ла ты?

Урок 9

Который час сейчас?
现在几点钟啦?

Урок 9   Который час сейчас?

Который час сейчас?
现在几点钟啦?

Сейчас семь часов вечера.
现在是晚上七点。

Какой сегодня день?
今天是星期几?

Сегодня вторник.
今天是星期二。

Какое сегодня число?
今天是几号?

Сегодня девятое октября.
今天是10月9日。

❋	кото́рый	第几、哪一个
❋	час	小时、钟头
❋	число́	数、日、号
❋	вто́рник	星期二
❋	октября́	10月（原形是октя́брь）
❋	среда́	星期三
❋	экза́мен	考试
❋	шесто́го	第六（原形是шесто́й）
❋	января́	1月（原形是янва́рь）
❋	за́втра	明天
❋	начина́ется	开始（原形是начина́ться）
❋	ко́нчится	结束（原形是ко́нчиться）

Урок 9   Который час сейчас?

— Скажи́те, пожа́луйста, како́й сего́дня день?
— Сего́дня среда́.
— А кото́рый час сейча́с?
— Два часа́ дня.
— Како́го числа́ у нас бу́дет экза́мен?
— Шесто́го января́.
— Ой, это же за́втра!

— 请问，今天星期几？
— 今天星期三。
— 现在几点？
— 下午两点。
— 我们的考试是在几号？
— 1月6日。
— 哎呀，就是明天呀！

1. 比比谁的记忆力好。

月份

янва́рь 一月	февра́ль 二月	март 三月	апре́ль 四月
май 五月	ию́нь 六月	ию́ль 七月	а́вгуст 八月
сентя́брь 九月	октя́брь 十月	ноя́брь 十一月	дека́брь 十二月

星期

понеде́льник 星期一	вто́рник 星期二	среда́ 星期三
четве́рг 星期四	пя́тница 星期五	суббо́та 星期六
воскресе́нье 星期日		

2. 尝试用练习1中的单词进行口头会话。

(1) — Како́е сего́дня число́?
— Сего́дня _____ число́.

(2) — Како́го числа́ бу́дет экску́рсия?
— Экску́рсия бу́дет _____ числа́.

(3) — Како́й сего́дня день?
— Сего́дня _____.

(4) — Кото́рый час сейча́с?
— Сейча́с _____ часа́.

3. 与同学相互问答。

(1) Скажи́те, како́й сего́дня день? Како́й день был вчера́? А за́втра бу́дет како́й день?

(2) Скажи́те, како́е сего́дня число́? Како́е число́ бы́ло вчера́? А за́втра бу́дет како́е число́?

Урок 9　Который час сейчас?

时间表达法

俄语在钟点之后往往还会加上 ýтро, день, вéчер, ночь 等词来进一步明确时间。具体来讲，ночь 指午夜0点至4点，ýтро 指凌晨4点至上午12点，день 指正午12点至下午17点，вéчер 则是指下午17点至午夜0点。时间的划分和汉语略有不同。

例如：Мы встречались в 3 часа дня.（我们在下午3点见了面。）

在口头交际中，如果情景指示明确，ýтро, день, вéчер, ночь 等词可以不说。在广播、交通、邮电等部门运用24时制表示时间。

索契冬奥会开幕式33个字母解析（上）

2014年索契冬奥会开幕式上，通过小女孩柳博芙的梦境，用33个字母解读了童话般色彩的俄罗斯，诠释了俄罗斯的过去与现在，向世人展示了俄罗斯深厚的文化底蕴。让我们看看这33个字母都代表了什么。

А(Алфави́т)，字母表。

Б(Байка́л)，贝加尔湖：世界上最深、容量最大的淡水湖。

В(Вертолёт)，西科斯基直升机：西科斯基设计制造了世界上第一架大型轰炸机和世界上第一架实用直升机。

Г(Гага́лин)，加加林：宇航员。他于1961年完成了世界上首次载人宇宙飞行。

Д(Достое́вский)，陀思妥耶夫斯基：19世纪俄国文坛上一颗耀眼的明星，代表作是《罪与罚》。

Е(Екатери́на Ⅱ)，叶卡捷琳娜二世：与彼得大帝齐名，俄罗斯帝国女皇，1762年至1796年在位。

Ё(Ёжик в тума́не) 动画片《雾中的刺猬》：苏联1975年拍摄的动画片，被几代人所喜爱。

Ж(Жуко́вский)，茹科夫斯基：空气动力学家、现代航空科学的开拓者，被誉为"俄罗斯航空之父"。

З(Зерноубо́рочная маши́на)，谷物收割机。

Урок 9　Котóрый час сейчáс?

И(Импéрия)，俄罗斯帝国：缔造者为彼得大帝。

Й(Чайкóвский)，柴可夫斯基：著名作曲家、音乐家。代表作品有：第四、第五、第六（悲怆）交响曲，歌剧《叶甫根尼·奥涅金》《黑桃皇后》，舞剧《天鹅湖》《睡美人》《胡桃夹子》等等。

К(Кандúнский)，康津斯基：画家，俄罗斯现代抽象艺术理论和实践的奠基人。

Л(Лунохóд)，月球车：1970年11月，苏联无人驾驶的"月球车1号"成功降落在月球上，成为世界上第一辆月球车。

М(Малéвич)，马列维奇：画家，至上主义艺术奠基人。

Н(Набóков)，纳博科夫：作家，1955年发表著名小说《洛丽塔》。

О(Орбитáльная стáнция)，空间站：1971年苏联发射了第一座空间站"礼炮1号"，苏联时期共发射了8座空间站。

П(Периодúческая таблúца)，元素周期表：由19世纪俄国化学家门捷列夫发表。

Р(Рýсский балéт)，俄罗斯芭蕾舞。

С(Спýтник-1)，伴侣1号：1957年苏联发射的第一颗人造卫星。

Урок 10

Какой вид спорта вы любите?
您喜欢哪种运动?

Урок 10   Какой вид спорта вы любите?

Вы любите спорт?
你喜欢运动吗？

Да, я люблю.
是的，我喜欢。

Какой вид спорта вы любите?
您喜欢哪种运动项目？

Я люблю плавать.
我喜欢游泳。

您喜欢哪种运动？

Вы уме́ете игра́ть в те́ннис?
您会打网球吗？

Нет, не уме́ю. Но уме́ю игра́ть в бадминто́н.
不，不会，我会打羽毛球。

Дава́йте поигра́ем в баскетбо́л в суббо́ту!
我们周六去打篮球吧！

Дава́йте.
好啊！

Урок 10 — Какóй вид спóрта вы лю́бите?

✱	пла́вать	游泳
✱	уме́ете	会（做什么）（原形是 уме́ть）
✱	бадминто́н	羽毛球
✱	те́ннис	网球
✱	баскетбо́л	篮球
✱	ка́ждый	每、每个
✱	день	白天、一天
✱	бе́гаю	跑步（原形是 бе́гать）
✱	ничего́ стра́шного	没关系，没什么可怕的

— Что вы делаете в свободное время?
— Занимаюсь спортом.
— Каким видом спорта вы занимаетесь?
— Каждый день бегаю. А вы любите спорт?
— Да, люблю. Я люблю плавать. Вы умеете играть в теннис?
— Уметь да умею, но плохо играю.
— Ничего страшного. Давайте поиграем в субботу?
— Давайте.

— 业余时间您都做什么呢？
— 做运动。
— 您一般从事哪种运动项目？
— 我每天都跑步。您喜欢体育运动吗？
— 喜欢，我喜欢游泳。您会打网球吗？
— 会是会，但打得不好。
— 没关系的。我们周六去打球吧？
— 好啊。

Уро́к 10   Како́й вид спо́рта вы лю́бите?

1. 下面的体育项目，哪个是你喜欢的？

игра́ть в футбо́л	踢足球
игра́ть в баскетбо́л	打篮球
игра́ть в волейбо́л	打排球
игра́ть в те́ннис	打网球
игра́ть в пинг-по́нг	打乒乓球
игра́ть в бадминто́н	打羽毛球
пла́вать	游泳
ката́ться на конька́х	滑冰
ката́ться на лы́жах	滑雪
бе́гать	跑步
е́здить на велосипе́де	骑自行车

2. 和你旁边的同学，试着完成下面会话。

(1) — Ты лю́бишь спорт?
— Да, я люблю́ _____.

(2) — Како́й вид спо́рта вы лю́бите?
— Я люблю́ _____.
А како́й вид спо́рта вы лю́бите?
— Я люблю́ _____.

(3) — Ты уме́ешь игра́ть в _____?
— Нет, я не уме́ю игра́ть в _____, но уме́ю игра́ть в _____.

(4) — Каки́м ви́дом спо́рта вы занима́етесь?
— Я занима́юсь _____.

球类运动与非球类运动的说法

在俄语中，球类运动用игра́ть (во что)，如：

игра́ть в баскетбо́л 打篮球

игра́ть в футбо́л 踢足球

игра́ть в волейбо́л 打排球

игра́ть в бадминто́н 打羽毛球

игра́ть в пинг-по́нг 打乒乓球

игра́ть в хокке́й 打冰球

игра́ть в те́ннис 打网球

非球类运动通常用занима́ться (чем)，如：

занима́ться пла́ванием 游泳

занима́ться бе́гом 跑步

занима́ться прыжка́ми в высоту́ 跳高

занима́ться прыжка́ми в длину́ 跳远

занима́ться лы́жами 滑雪

занима́ться фигу́рным ката́нием 花样滑冰

занима́ться бо́ксом 拳击

занима́ться тяжёлой атле́тикой 举重

Урок 10 Какой вид спорта вы любите?

索契冬奥会开幕式33个字母解析（下）

T(Толстой)，托尔斯泰：19世纪中期俄国最伟大的批判现实主义作家、文学家、思想家，主要作品有长篇小说《战争与和平》《安娜·卡列尼娜》《复活》等。

У(Ушанка)，护耳冬帽：苏联军人的重要着装之一。

Ф(Фишт)，菲施特：菲施特峰（海拔2,867米），北高加索山脉的最高峰。也是索契冬奥会比赛场馆的名字。

Х(Хохлома)，霍赫洛玛装饰画：一种诞生于17世纪、在木制品上手绘装饰画的苏联民间艺术。

Ц(Циолковский)，齐奥尔科夫斯基：现代宇宙航行学奠基人，被誉为"俄罗斯航天之父"。

Ч(Чехов)，契诃夫：俄国19世纪末期俄国批判现实主义作家，小说家、戏剧家，代表作《变色龙》《装在套子里的人》等等。

Ш(Шагал)，夏加尔：俄国超现实主义画家之一，现代绘画史上的巨匠。

Щ(Щусев)，舒谢夫：著名设计师，列宁墓的设计者。

Ъ(Пушкин)，普希金：俄罗斯著名诗人、小说家，现实主义文学奠基人，现代标准俄语的创始人，也是硬音符号的发明人。

Ы(Мы)，俄文中的"我们"。

Ь(Любо́вь)，柳博芙：小女孩的名字，意为"爱"。

Э(Эйзенште́йн)，爱森斯坦：苏联电影导演和电影艺术理论家，世界电影先驱，蒙太奇风格大师，拍摄的经典影片有《战舰波将金号》《亚历山大·涅夫斯基》《伊凡雷帝》等。

Ю(Парашю́т)，降落伞：苏联发明家科特尔尼科夫是背包式降落伞的发明人。

Я(Росси́я)，俄罗斯。

Урок 11

Сколько стоит?

多少钱?

Урок 11   Сколько стоит?

Посоветуйте, пожалуйста, что мне купить.
请推荐一下我该买点什么。

Матрёшки.
可以买套娃。

Сколько стоит?
多少钱？

8,000 (восемь тысяч) рублей.
8,000卢布。

多少钱？

Это до́рого. Покажи́те, пожа́луйста, подеше́вле.
太贵了。给拿个稍微便宜点的看看。

Я беру́.
我买了。

Плати́ть вам и́ли в ка́ссу?
在您这儿付款还是去收银台？

В ка́ссу.
去收银台。

Урок 11 Ско́лько сто́ит?

✿	посове́туйте	出主意，建议（原形是посове́товать）
✿	купи́ть	买
✿	матрёшки	套娃（原形是матрёшка）
✿	сто́ит	价钱是（原形是сто́ить）
✿	рубле́й	卢布（原形是рубль）
✿	до́рого	贵
✿	покажи́те	让……看看（原形是показа́ть）
✿	подеше́вле	稍微便宜点的
✿	беру́	（口语）买（原形是брать）
✿	плати́ть	付款
✿	ка́ссу	收银台（原形是ка́сса）
✿	са́мая	最（原形是са́мый）
✿	нра́вится	喜欢（原形是нра́виться）

多少钱？ **语言篇**

— Посовéтуйте, пожáлуйста, что мне купи́ть.
— Матрёшки.
— А какáя матрёшка сáмая хорóшая?
— Вот э́та.
— Скóлько стóит?
— 8,000 рублéй.
— Это дóрого. Покажи́те, пожáлуйста, подешéвле.
— Вот э́та.
— Эта мне нрáвится. Я берý. Плати́ть вам и́ли в кáссу?
— В кáссу.

— 请推荐一下我该买点什么。
— 可以买套娃。
— 什么样的最好？
— 这个不错。
— 这个多少钱？
— 8,000 卢布。
— 太贵了。给拿个稍微便宜点的看看。
— 那就是像这样的。
— 这个我喜欢。我买了。在您这儿交款，还是去收银台？
— 去收银台交款。

Урок 11 Сколько стоит?

1. 选用适当的词汇填空，进行会话。

   (1) — _____, пожáлуйста, что мне купи́ть.
   — Матрёшки.

   (2) — А кака́я матрёшка са́мая _____?
   — Вот э́та.

   (3) — _____ вам и́ли в ка́ссу?
   — В ка́ссу.

   (4) — Это _____. Покажи́те, пожа́луйста, подеше́вле.
   — Вот э́то.

   (5) — Это мне _____. Я беру́.

2. 用本课的常用交际语补足下列会话。

   (1) — Посове́туйте, пожа́луйста, _____.
   — Матрёшки.

   (2) — _____?
   — 8,000 рубле́й.

   (3) — _____?
   — В ка́ссу.

   (4) — Это мне нра́вится. _____.

3. 到俄罗斯旅游时给你的亲朋好友买点礼物吧！

- Матрёшка
  Цена́ (价格): 8,000 руб.

- Матрёшка
  Цена́: 1,500 (ты́сяча пятьсо́т) руб.

- Ру́чка (笔)
  Цена́: 50 (пятьдеся́т) руб.

- Каранда́шница (笔筒)
  Цена́: 500 (пятьсо́т) руб.

- Могни́т（冰箱贴）
  Цена́: 100 (сто) руб.

- Плато́к（披肩）
  Цена́: 6,000 (шесть ты́сяч) руб.

- Шкату́лка（首饰盒）
  Цена́: 3,000 (три ты́сячи) руб.

- Ва́за（花瓶）
  Цена́: 7,000 (семь ты́сяч) руб.

戈比和卢布

俄国货币体系经过多次改革，其中影响最深远的是18世纪初彼得大帝实行货币改革。俄国货币采用了十进制，以卢布为基本单位，1卢布等于100戈比。

俄罗斯的卢布（рубль）自13世纪开始流通使用。戈比（копе́йка）是因为图案上有拿着长矛（копье）的骑士而得名。

Урок 11　Ско́лько сто́ит?

名言警句："人最宝贵的是生命……"

尼古拉·阿列克谢耶维奇·奥斯特洛夫斯基（Никола́й Алексе́евич Остро́вский, 1904—1936），苏联作家，曾经加入红军参与作战，1920年受重伤。他根据个人经历，于1934年写成长篇小说《钢铁是怎样炼成的》，是当时苏联最流行的作品之一，主人公保尔·柯察金成为一代青年学习的榜样。

Са́мое дорого́е у челове́ка — э́то жизнь. Она́ даётся ему́ оди́н раз, и прожи́ть её на́до так, что́бы не́ было мучи́тельно бо́льно за бесце́льно прожи́тые го́ды, что́бы не жёг позо́р за по́дленькое и ме́лочное про́шлое.

— Никола́й Остро́вский
«Как закаля́лась сталь»

多少钱？ **语言篇**

> 人最宝贵的是生命，它对每个人来说只有一次。人的一生应当这样度过：当他回首往事时，不会因虚度年华而悔恨，也不会因碌碌无为而羞耻。
>
> —— 尼古拉·奥斯特洛夫斯基
> 摘自《钢铁是怎样炼成的》

Урок 12

Приятного аппетита!

祝您好胃口！

Урок 12 Приятного аппетита!

Что вы будете заказывать?
您要点什么？

Икру, пожалуйста.
请给我来点鱼子酱。

Что ещё?
还要什么？

Пока всё.
先这样吧。

Приятного аппетита!
祝您好胃口！

Спасибо.
谢谢。

祝您好胃口！ 语言篇

Счёт, пожа́луйста.
买单。

С вас 500 (пятьсо́т) рубле́й.
您一共是500卢布。

| ❀ | зака́зывать | 预定；选定 |

| ❀ | икру́ | 鱼子酱（原形是икра́） |

| ❀ | прия́тного | （令人）愉快的，高兴的（原形是прия́тный） |

| ❀ | аппети́та | 胃口，食欲（原形是аппети́т） |

| ❀ | счёт | 账单，收费单 |

Урок 12　Прия́тного аппети́та!

- ❋ заку́ску　　　　　　　冷盘（原形是 заку́ска）
- ❋ сала́т　　　　　　　　沙拉
- ❋ пе́рвое　　　　　　　　第一（道菜）
- ❋ борщ　　　　　　　　红菜汤
- ❋ второ́е　　　　　　　　第二（道菜）
- ❋ котле́ту　　　　　　　肉饼（原形是 котле́та）
- ❋ котле́та по-ки́евски　　基辅肉饼
- ❋ моро́женое　　　　　　冰淇淋
- ❋ ко́фе　　　　　　　　咖啡
- ❋ де́вушка　　　　　　　（餐馆、食堂的）服务员

祝您好胃口! 语言篇

— Что вы бу́дете зака́зывать на заку́ску?

— Икру́, сала́т ру́сский.

— На пе́рвое?

— Пожа́луйста, борщ.

— А на второ́е?

— Котле́ту по-ки́евски.

— Моро́женое, ко́фе?

— Моро́женое, пожа́луйста.

— Что ещё?

— Пока́ всё.

— Прия́тного аппети́та!

— Спаси́бо.

……

— Де́вушка, счёт, пожа́луйста.

— С вас 500 рубле́й.

Урок 12   Прия́тного аппети́та!

— 您凉菜要点什么？
— 鱼子酱、俄式沙拉。
— 第一道菜要什么？
— 红菜汤。
— 第二道菜呢？
— 基辅肉饼。
— 冰淇淋、咖啡要吗？
— 要冰淇淋。
— 还要什么？
— 就先这些吧。
— 祝您用餐愉快！
— 谢谢！

……

— 服务员，结账。
— 一共是500卢布。

1. 看一看俄餐菜单（Меню），为自己点一顿午餐吧。

　　　　　　　　　Заку́ски（冷盘）

Сала́т овощно́й　　　　　　蔬菜沙拉
Сала́т ру́сский　　　　　　俄罗斯沙拉
Кра́сная икра́　　　　　　红鱼子酱
Чёрная икра́　　　　　　　黑鱼子酱
Колбаса́　　　　　　　　　香肠

　　　　　　　Пе́рвые блю́да（第一道菜）

Борщ　　　　　　　　　　　红菜汤
Уха́　　　　　　　　　　　鱼汤
Грибно́й суп　　　　　　蘑菇汤
Соля́нка　　　　　　　　　杂拌汤
Бульо́н　　　　　　　　　清汤（用鸡、肉等煮的原汁汤）

　　　　　　　Вторы́е блю́да（第二道菜）

Котле́та по-ки́евски　　　　基辅肉饼
Осетри́на по-моско́вски　　　莫斯科鲟鱼肉
Жа́ркое по-дома́шнему из мя́са　家常烤肉
Шашлы́к　　　　　　　　　烤肉串
Бифште́кс натура́льный　　　清煎牛排

　　　　　　　　　Гарни́р（配菜）

Карто́шка по-дома́шнему　　　家常土豆

Урок 12 Прия́тного аппети́та!

Рис	米饭
Макаро́ны	通心粉

Десе́рт（甜食）

Моро́женое	冰淇淋
Пиро́жные	甜点心
Шокола́д	巧克力

Напи́тки（饮品）

Ру́сский квас	俄罗斯克瓦斯
Минера́льная вода́	矿泉水
Со́ки	果汁
Ко́фе	咖啡
Чай	茶
Ко́ка-ко́ла	可口可乐

Алкого́льные（酒类）

Во́дка	伏特加
Вино́ кра́сное	红葡萄酒
Вино́ бе́лое	白葡萄酒
Конья́к	白兰地

2. 选用适当的词汇填空，进行会话。

(1) — Что вы бу́дете зака́зывать?

— _____, пожа́луйста.

(2) — Что вы бу́дете зака́зывать на _____?

— Икру́, пожа́луйста.

(3) — Что вы бу́дете зака́зывать на _____?

— борщ, пожа́луйста.

(4) — Что вы бу́дете зака́зывать на _____?

— Котле́ту, пожа́луйста.

3. 用本课的常用交际语补足下列会话。

(1) — _____?

— Икру́, пожа́луйста.

(2) — _____?

— Ко́фе, пожа́луйста.

(3) — _____?

— Пока́ всё.

(4) — _____!

— Спаси́бо.

(5) — _____.

— С вас 500 рубле́й.

Урок 12　Прия́тного аппети́та!

祝您幸福！

俄语中表示祝愿时，可用带动词"жела́ть"的句型，如：Жела́ю сча́стья!（祝您幸福！）也可省略动词，直接用名词"сча́стья"，这里的"сча́стья"不是名词的原型，而是名词的变化形式——第二格。所以，你可直接用名词的第二格形式或形容词名词词组的第二格形式表示对他人的祝愿，如：

Прия́тного аппети́та! 祝您胃口好！

Счастли́вого пути́! 祝您一路顺风！

Всего́ до́брого! 愿您万事如意！

Здоро́вья! 祝君身体健康！

Успе́хов! 祝您取得好成绩！

祝您好胃口! **语言篇**

带你学更多魅力俄语

俄餐

正式的俄餐分四道程序上菜：头盘、第一道菜、第二道菜和第三道菜。

头盘（закýска）是开胃菜，分冷盘和热盘。冷盘包括蔬菜、鱼、肉和沙拉类，比如著名的鱼子酱（икрá）；热盘一般在正式宴会和节日时出现，比如庆祝谢肉节时吃的薄饼（блин）。而作为主食的面包也是与头盘一起摆上桌的。

第一道菜（пéрвое блю́до）是汤（суп）。俄罗斯人认为先喝汤有助于稀释食物，促进消化吸收。俄餐中的汤多用深盘盛放。因为俄式汤大多稠厚，俄国人习惯说"吃汤"（есть суп）而非喝汤。

Урок 12 Приятного аппетита!

第二道菜（второе блюдо）是热菜，也是主菜（основные блюда）。第二道菜种类丰富，上菜时要遵循这样的顺序：首先是鱼，然后是肉类和禽类，接下来是蔬菜、蛋类。

第三道菜（третье блюдо）是甜食（десерт），主要包括甜品和水果。

总而言之，俄餐内容十分丰富，以高热量食物为主，这与俄罗斯寒冷的气候有关。

Урок 13

Как доéхать до вокзáла?
到火车站怎么走?

Урок 13   Как доехать до вокзала?

Как доехать до вокзала?
到火车站怎么走？

На метро (автобусе).
乘地铁（公共汽车）。

Какой автобус туда идёт?
几路车通那儿？

Пятый (Первый).
5路（1路）。

Где здесь остановка автобуса?
公共汽车站在哪儿？

Прямо, потом направо (налево).
直走，然后右转（左转）。

到火车站怎么走? 语言篇

Это далеко?
远吗?

Нет, две-три минуты ходьбы (езды).
不远,步行(坐车)两三分钟就到了。

❋	доéхать	到达
❋	вокзáла	火车站(原形是 вокзáл)
❋	метрó	地铁
❋	автóбусе	公共汽车(原形是 автóбус)
❋	останóвка	(公共汽车、电车)车站

Уро́к 13 Как дое́хать до вокза́ла?

- остано́вка авто́буса — 公共汽车站
- пря́мо — 直走
- напра́во — 往右
- нале́во — 往左
- далеко́ — 远
- мину́ты — 分钟（原形是 мину́та）
- ходьбы́ — 步行（原形是 ходьба́）
- езды́ — 乘车（原形是 езда́）

— Скажи́те, пожа́луйста, как дое́хать до вокза́ла?
— На метро́ и́ли на авто́бусе.
— Како́й авто́бус туда́ идёт?
— Пя́тый.
— А где здесь остано́вка авто́буса?
— Пря́мо, пото́м напра́во.
— Это далеко́?
— Нет, две-три мину́ты ходьбы́.

— 请问，去火车站怎么走？
— 坐地铁或者乘公共汽车。
— 几路公共汽车到那儿？
— 5路。
— 汽车站在哪儿？
— 一直走，然后右转。
— 远吗？
— 不远，步行两三分钟。

Урок 13 Как доéхать до вокзáла?

1. 选用适当的词或词组填空，进行会话。

    (1) — А где здесь _____?
    — Прямо, потом налéво.

    (2) — Скажите, пожáлуйста, как доéхать до вокзáла?
    — На _____.

    (3) — Это далекó?
    — Нет, две-три минýты _____.

    (4) — А где здесь остановка автобуса?
    — Прямо, потом _____.

2. 用本课的常用交际语补足下列会话。

    (1) — Скажите, пожáлуйста, _____?
    — На метрó или на автóбусе.

    (2) — _____?
    — Пятый.

    (3) — _____?
    — Нет, две-три минýты ездý.

3. 向俄罗斯人询问一下如何到达下面的景点吧。

Кремль

（克里姆林宫）

Красная плóщадь

（红场）

Арба́т
（阿尔巴特大街）

Большо́й теа́тр
（大剧院）

МГУ
（莫斯科大学）

Зи́мний дворе́ц
（冬宫）

Ма́лый теа́тр
（小剧院）

Третьяко́вская Галере́я
（特列恰科夫美术馆）

Урок 13   Как доéхать до вокзáла?

怎样问路？

当询问"如何到达（某处）时"，你要根据具体情况，选用不同的动词。如果你认为必须乘车出行，则用"доéхать（指乘某种交通工具到达某处）"，如：Как доéхать до вокзáла?（到火车站怎么走？）

如果你认为可以徒步，则用"дойти́（指徒步到达某处）"，如：Как дойти́ до вокзáла?（到火车站怎么走？）

如果你不知道目的地的位置、距离，不能确定是徒步，还是乘车，最好使用"попáсть（指乘行或徒步到达某处）"，如：Как попáсть на вокзáл?（到火车站怎么走？）

带你学更多魅力俄语

瓦斯涅佐夫和他的《三勇士》

维克多·米哈伊尔维奇·瓦斯涅佐夫（Виктор Михайлович Васнецо́в, 1848—1926）是俄罗斯画家，巡回展览画派成员。他的作品主要以俄罗斯民间故事为题材，风格独特。代表作品还有《阿廖努什卡》《飞毯》《伊戈尔与波罗维茨人之战后》《雪姑娘》《骑灰狼的伊万王子》。

这幅《三勇士》描绘的是民间壮士歌（былина）中歌颂的三位勇士。画面上，三位勇士正在田野上巡视，警惕敌人来袭。

瓦斯涅佐夫根据民间壮士歌的内容塑造了人民热爱的三位勇士的完整形象和典型性格，他们正直、坦诚，见义勇为，见到受欺负的百姓拔刀相助，对人民的敌人严酷无情。

画的背景环境朴实无华，是普普通通的俄罗斯草原。这更加突出了勇士们的朴实和人情味。

Урок 14

У вас есть свобóдные номерá?
你们有空房间吗？

Урок 14   У вас есть свободные номера?

У вас есть свободные номера?
你们有空房间吗？

Да, есть.
有的。

Какой номер вам нужен?
您要什么样的房间？

Номер на одного (на двоих).
单人间（双人间）。

На скóлько дней?
您住几天？

На два (три) дня.
住两天（三天）。

Скóлько стóит нóмер в сýтки?
住一天多少钱？

1,500 (ты́сяча пятьсóт) рублéй.
1,500卢布。

Урок 14   У вас есть свободные номера́?

✻	номера́	（宾馆里的）房间（原形是 но́мер）
✻	но́мер на одного́	单人间
✻	но́мер на двои́х	双人间
✻	дней, дня	天（原形是 день）
✻	су́тки	一昼夜
✻	этаже́	楼层（原形是 эта́ж）
✻	хоти́те	想要（原形是 хоте́ть）
✻	есть	有

— У вас есть свобо́дные номера́?
— Како́й но́мер вам ну́жен?
— Но́мер на одного́.
— На ско́лько дней?
— На три дня.
— На како́м этаже́ вы хоти́те?
— На второ́м этаже́. Ско́лько сто́ит но́мер в су́тки?
— 1,500 рубле́й.

— 你们有空房间吗？
— 您要什么样的？
— 我想要一个单人间。
— 您要住几天？
— 住三天。
— 您想要几层的？
— 二层。一天多少钱？
— 1,500卢布。

Урок 14   У вас есть свободные номера?

1. 选用适当的词或词组填空，进行会话。

   (1) — У вас есть _____?

   — Да, есть.

   (2) — _____ вам нужен?

   — Номер на одного.

   (3) — _____ вы хотите?

   — На втором этаже.

2. 用本课的常用交际语补足下列会话。

   (1) — Какой номер вам нужен?

   — _____.

   (2) — _____?

   — На три дня.

   (3) — _____?

   — 1,500 рублей.

俄罗斯的国旗和国徽

国旗：

白蓝红三色旗。白色是纯净的颜色，象征高贵和责任（благорóдство и долг）；蓝色是爱的颜色，象征忠诚和忠贞（вéрность и целомýдрие）；红色是力量的颜色，象征勇敢和豁达（мýжество и великодýшие）。三色旗是对俄罗斯民族价值取向的一种诠释。

国徽：

金色的翘起翅膀的双头鹰。鹰的头上分别佩戴着两个小皇冠，上方一顶大皇冠，鹰爪分别持权杖和金球，象征着国家的权力和统一。双头鹰原是拜占庭帝国君主的徽记，象征着其横跨的欧亚大陆民族间的融合。俄罗斯于1993年重新确立了双头鹰作为国徽象征着国家的团结和统一。

双头鹰胸前的红色盾牌画着圣乔治（Святóй Геóргий）屠龙。战马（конь）象征军人的荣誉，它是战争和胜利的标志。表示常胜骑士乔治骑着一匹白马战胜了恶龙。

Урок 14 У вас есть свободные номера?

你学更多魅力俄语

诗歌欣赏：《你曾在夜色寂静中哭泣》

谢尔盖·亚历山德罗维奇·叶赛宁（Сергей Александрович Есенин, 1895—1925）生于俄罗斯梁赞省的一个农民家庭，是20世纪初期苏联杰出的诗人。他歌颂农村和大自然，讴歌苏维埃政权时期农村的新生活。代表作品有第一本诗集《扫墓日》、抒情组诗《波斯情怀》、长诗《安娜·斯涅金娜》、诗集《苏维埃俄罗斯》等。

Ты плакала в вечерней тишине,
И слёзы горькие на землю упадали,
И было тяжело и так печально мне.
И все же мы друг друга не поняли.
Умчалась ты в далёкие края,
И все мечты увянули без цвета,
И вновь опять один остался я

Страда́ть душо́й без ла́ски и приве́та.

И ча́сто я вече́рнею поро́й

Хожу́ к места́м заве́тного свида́нья,

И ви́жу я в мечта́х мне ми́лый о́браз твой,

И слы́шу в тишине́ тоскли́вые рыда́нья.

Ты пла́кала в вече́рней тишине́...

С. А. Есе́нин

你曾在夜色寂静中哭泣，

苦涩的泪水滑落满地，

我的心如此沉重充满愁绪。

可惜你我还是不能互相体恤。

你消失在遥远的天际，

所有梦想的颜色从此褪去，

再次剩下了我一个孤单的灵魂，

没有甜蜜没有问候饱受折磨。

于是常常在夜晚来临的时候，

我会走到约会的老地方，

依稀看到了你可爱的身影，

听到寂静中有痛苦的哭泣。

《你曾在夜色寂静中哭泣》

叶赛宁

Урок 15

Вы часто пользуетесь интернетом?

您经常上网吗?

Урок 15 Вы часто пользуетесь интернетом?

Анна, у вас в квартире есть сеть?
安娜，您家里有网吗？

Да, конечно.
当然有了。

Вам нравится интернет?
您喜欢上网吗？

Очень.
非常喜欢！

Вы часто пользуетесь интернетом?
您经常上网吗？

Каждый день по два часа.
每天两小时。

您经常上网吗？ **语言篇**

* пóльзуетесь 使用（原形是пóльзоваться）

* интернéтом 互联网（原形是интернéт）

* сеть 网、网络系统

* электрóнное 电子的（原形是электрóнный）

* бесéдую 交谈（原形是бесéдовать）

* нýжные 需要的（原形是нýжный）

* блок 博客

* свя́зана 与…有联系的（原形是свя́зать）

* тéсно 紧密地

* корзи́ну 篮子、筐子（原形是корзи́на）

* отзы́в 意见、评价

✿ клие́нтов — 顾客（原形是клие́нт）

✿ интерне́ту-магази́ну — 网店（原形是интерне́т-магази́н）

✿ приёмку — 接受，验收（原形是приёмку）

会话

— Анна, тебе́ нра́вится интерне́т?

— Да, коне́чно.

— А как ча́сто ты по́льзуешься интерне́том?

— Ка́ждый день по два-три часа́.

— Что ты де́лаешь по интерне́ту?

— Бесе́дую с друзья́ми, покупа́ю ну́жные ве́щи, иногда́ пишу́ блок.

— Ви́дно, твоя́ жизнь те́сно свя́зана с интерне́том.

您经常上网吗? 语言篇

— 安娜，你喜欢上网吗？
— 是呀，当然喜欢了。
— 那你经常上网吗？
— 每天两到三小时。
— 你上网干什么呢？
— 和朋友聊天、购物，有时也写写博客。
— 看得出，你的生活离不开网络呀！

1. 用俄文搜索引擎（*yandex-ru.com*）搜一搜，你常玩儿的网络游戏怎样用俄文表述？

2. 小伙伴们，快来回忆一下你的网购过程吧。使用你的网购经验尝试将下面的句子进行排序。

(　　) Опла́чивать това́ры.

(　　) Де́лать зака́з.

(　　) Выбира́ть това́ры по интерне́ту-магази́ну.

(　　) Получа́ть това́ры.

Урок 15 Вы часто пользуетесь интернетом?

教你看懂俄文网站

经常上网的小伙伴们，这些小知识一定要了解：

常用词汇

网址：сайт 黑客：хакер 在线：онлайн 离线：оффлайн 用户名：логин 密码：пароль 点击：хит 网址：межсетевой адрес 网络游戏：сетевые игры 保存：сохранить 发送：отправить 聊天室：чат。

常用网站：

搜索引擎：www.yandex.ru

电视台：www.1tv.ru（国家第一电视台）

www.ntv.ru（独立电视台）

新闻门户：www.interfax.ru www.newsru.com

附俄语键盘图：

歌曲欣赏：《俄罗斯联邦国歌》（节选）

《俄罗斯，我们神圣的国家》

Росси́я – свяще́нная на́ша держа́ва!

Росси́я – люби́мая на́ша страна́!

Могу́чая во́ля, вели́кая сла́ва -

Твоё достоя́нье на все времена́.

Сла́вься, Оте́чество на́ше свобо́дное -

Бра́тских наро́дов сою́з веково́й.

Пре́дками да́нная му́дрость наро́дная.

Сла́вься, страна́! Мы горди́мся тобо́й!

（简谱略）

Урок 16

На что вы жáлуетесь?
您哪里不舒服？

Урок 16   На что вы жа́луетесь?

Как вы себя́ чу́вствуете?
您感觉怎样？

Я пло́хо себя́ чу́вствую.
我感觉不舒服。

На что вы жа́луетесь?
您哪里不舒服？

У меня́ боли́т голова́.
我头疼。

Как принима́ть э́то лека́рство?
这种药怎样吃？

Три ра́за в день по́сле еды́.
一天三次，饭后服用。

❋	чу́вствуете, чу́вствую	（生理上、内心）感觉、感到（原形是чу́вствовать）
❋	принима́ет	服用（药物）（原形是принима́ть）
❋	лека́рство	药
❋	головна́я боль	头疼
❋	лека́рство от головно́й бо́ли	治头疼的药
❋	табле́тка	药片
❋	еды́	吃饭、食物（原形是еда́）
❋	до́ктор	医生，大夫
❋	жа́луетесь	抱怨、说（不舒服）（原形是жа́ловаться）
❋	простуди́лись	感冒（原形是простуди́ться）

Урок 16

На что вы жа́луетесь?

* реце́пт — 药方

* поправля́йтесь — （身体）康复（原形是поправля́ться）

* пе́ред сном — 睡觉前

* самочу́вствие — （身体、情绪上的）自我感觉

* вы́пишу — 开（药方、证明、发票等）（原形是вы́писать）

— Здра́вствуйте, до́ктор!

— До́брый день! На что вы жа́луетесь?

— Голова́ боли́т.

— Вы простуди́лись. Сейча́с я вам вы́пишу реце́пт... Вот.

— Спаси́бо, до́ктор.

— Не́ за что. Поправля́йтесь.

您哪里不舒服？

— 您好，大夫！
— 您好！您哪里不舒服？
— 我头有点疼。
— 您感冒了，现在给您开些药，这是药方。
— 谢谢您，大夫。
— 不客气，祝您早日康复！

1. 看图，说说这三位小朋友患了什么病？

  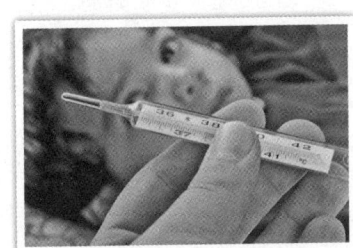

2. 根据内容将会话补足，分角色演练。

— Привéт, Сáша! Что с тобóй?
— _____.
— А что у тебя́ боли́т?
— _____.
— А лекáрство от головнóй бóли ты при́нял?
— _____.
— Тогдá нáдо сходи́ть в аптéку.
— _____.

141

Урок 16   На что вы жалуетесь?

3. 用词汇表中的单词尝试做口头练习。

(1) — У вас больно́й вид. Что с ва́ми?

— У меня́ боли́т _____.

(2) — Скажи́те, пожа́луйста, у вас есть лека́рство от _____?

— Да, пожа́луйста.

(3) — Как принима́ть э́то лека́рство?

— Две табле́тки пе́ред _____.

(4) — Как у вас самочу́вствие?

— _____.

询问病情

1. 会话中的 На что вы жа́луетесь?（您哪不舒服？您怎么啦？）是医生的用语。日常生活中询问病情时则用：Что с тобо́й (с ва́ми)? Что (Где) у вас (тебя́) боли́т? 等。

2. "врач" 一词表示人的职业，而不能用作称呼语。"до́ктор" 既可以表示职业，也可以用作呼语。如：

До́ктор, что с ним?（医生，他怎么了？）

До́ктор, скажи́те, пожа́луйста, как принима́ть э́то лека́рство?（医生，请问这个药怎么服用？）

带你学更多魅力俄语

俄罗斯诺贝尔奖获得者

俄罗斯的科学技术与文化在世界历史上占有重要地位。从1904年至今，俄罗斯和苏联共有16人获诺贝尔奖。现选取几人简略介绍。

伊·巴甫洛夫（1849—1936）：生理学家，凭借在血液循环和消化系统生理学方面的成就成为俄罗斯科学家中第一位诺贝尔奖获得者。

鲍·帕斯捷尔纳克（1890—1960）：诗人、小说家、翻译家。因长篇小说《日瓦戈医生》一度被开除出苏联作家协会，后又恢复。1958年被授予诺贝尔文学奖。

米·肖洛霍夫（1905—1984）：作家，代表作是长篇小说《静静的顿河》，1965年被授予诺贝尔文学奖。

亚·索尔仁尼琴（1918—2008）：作家，1962年因发表描绘监狱生活的处女作《伊万·杰尼索维奇的一天》一举成名。1970年获诺贝尔文学奖。作品有长篇小说小说《癌症楼》《古拉格群岛》《红轮》。

郑重声明

高等教育出版社依法对本书享有专有出版权。任何未经许可的复制、销售行为均违反《中华人民共和国著作权法》，其行为人将承担相应的民事责任和行政责任；构成犯罪的，将被依法追究刑事责任。为了维护市场秩序，保护读者的合法权益，避免读者误用盗版书造成不良后果，我社将配合行政执法部门和司法机关对违法犯罪的单位和个人进行严厉打击。社会各界人士如发现上述侵权行为，希望及时举报，本社将奖励举报有功人员。

反盗版举报电话　　（010）58581897　58582371　58581879
反盗版举报传真　　（010）82086060
反盗版举报邮箱　　dd@hep.com.cn
通信地址　北京市西城区德外大街4号　高等教育出版社法务部
邮政编码　100120